TURMA DA MÔNICA©

MEU PRIMEIRO LIVRO SOBRE O PLANETA TERRA

Dados Internacionais de Catalogação na Publicação (CIP)
Angélica Ilacqua CRB-8/7057

De La Bedoyere, Camilla
Meu primeiro livro sobre o Planeta Terra / Camilla De La Bedoyere, Catherine Chambers, Chris Oxlade ; ilustrações de Mauricio de Sousa ; tradução de Monica Fleischer Alves. — Barueri, SP : Girassol, 2022.
32 p. : il. (Turma da Mônica / Mauricio de Sousa)

ISBN 978-65-5530-384-1
Título original: Questions and answers: Science

1. Planeta terra - Literatura infantojuvenil 2. Turma da Mônica I. Título II. Chambers, Catherine III. Oxlade, Chris IV. Sousa, Mauricio de

22-1850 CDD 028.5

Índices para catálogo sistemático:
1. Literatura infantojuvenil 028.5

Estúdios Mauricio de Sousa

Presidente: Mauricio de Sousa

Diretoria: Alice Keico Takeda, Mauro Takeda e Sousa, Mônica S. e Sousa

Mauricio de Sousa é membro da Academia Paulista de Letras (APL)

Diretora Executiva
Alice Keico Takeda

Direção de Arte
Wagner Bonilla

Diretor de Licenciamento
Rodrigo Paiva

Coordenadora Comercial Editorial
Tatiane Comlosi

Analista Comercial
Alexandra Paulista

Editor
Sidney Gusman

Revisão
Carolina Gomes Furlan
Daniela Gomes Furlan
Ivana Mello

Editor de Arte
Mauro Souza

Coordenação de Arte
Irene Dellega, Maria A. Rabello

Produtora Editorial
Juliana Bojczuk

Livro criado e produzido nos Estúdios Mauricio de Sousa

Designer Gráfico e Diagramação
Mariangela Saraiva Ferradás

Supervisão de Conteúdo
Marina Takeda e Sousa

Supervisão Geral
Mauricio de Sousa

GIRASSOL BRASIL EDIÇÕES LTDA.
Av. Copacabana, 325 - 13° andar - Conj. 1301
- Alphaville, Barueri - SP, 06472-001
leitor@girassolbrasil.com.br
www.girassolbrasil.com.br

Direção editorial: Karine Gonçalves Pansa
Coordenadora editorial: Carolina Cespedes
Assistente editorial: Laura Camanho
Tradução: Monica Fleisher Alves
Diagramação: Deborah Sayuri Takaishi

Impresso no Brasil

MAURICIO DE SOUSA EDITORA

Condomínio E-Business Park - Rua Werner Von Siemens, 111
Prédio 19 – Espaço 01 - Lapa de Baixo – São Paulo/SP
CEP: 05069-010 - TEL.: +55 11 3613-5000

TURMA DA MÔNICA©

MEU PRIMEIRO LIVRO SOBRE O PLANETA TERRA

MAURICIO DE SOUSA EDITORA

GIRASSOL

Sumário

Como a Terra foi formada?

A Terra veio de uma nuvem de poeira. A poeira girou ao redor do Sol em alta velocidade e começou a se juntar para formar blocos de pedras. Essas pedras foram se batendo e se quebrando, dando origem aos planetas. Um deles foi a Terra.

Por que a Lua parece irregular?

Grandes pedras vindas do espaço, chamadas meteoritos, colidiram com a Lua, deixando cavidades em sua superfície. Essas cavidades receberam o nome de crateras e são elas que dão à Lua essa aparência irregular.

observação

À noite, use binóculo para olhar para a Lua. Você consegue ver as crateras em sua superfície?

Do que a Terra é feita?

A Terra é um bloco de pedra enorme e redondo. A maior parte de sua superfície é coberta por água – isso forma os mares e oceanos. As pedras que não são cobertas por água formam o solo.

Encarando a Lua

A Lua orbita ao redor da Terra. Como a Lua não gira, nós vemos somente um lado de sua superfície.

Por que a Terra gira?

A Terra está sempre girando porque ela foi formada por uma nuvem giratória de poeira e gás. À medida que gira, a Terra se inclina um pouco para um lado. Ela leva 24 horas para dar uma volta completa em si mesma. É esse movimento que faz com que existam o dia e a noite.

Terra girando

Pesquisa
Há 24 horas em um dia. Quantos minutos há em uma hora?

Calor e frio

No Caribe, o mar pode ser quente como numa banheira. No Ártico, é tão frio que, frequentemente, o mar fica congelado.

Por que temos dia e noite?

Todo dia, a Terra gira em torno de si mesma na direção do Sol, e depois se afasta. Quando uma parte da Terra está de frente para o Sol, é dia. Quando essa parte se afasta, é noite.

Por que não há pessoas vivendo na Lua?

Não existe ar na Lua e, por isso, as pessoas não podem viver lá, mas astronautas já a visitaram em naves espaciais. Eles usaram equipamentos especiais para respirar.

O que há no interior da Terra?

Dentro da Terra há diferentes camadas de rocha, metais líquidos e sólidos. Há uma crosta fina e rochosa, uma área sólida que tem o nome de manto e um centro chamado núcleo. A parte externa do núcleo é feita de um metal líquido e quente. O núcleo interno é feito de metais sólidos.

Ímã natural

Próximo ao centro da Terra, há ferro líquido e quente. À medida que a Terra gira, o ferro se comporta como um ímã. É por isso que a agulha de uma bússola aponta para o Norte e para o Sul.

Experiência

Use uma bússola para encontrar o Norte. A agulha da bússola se movimenta quando você faz isso?

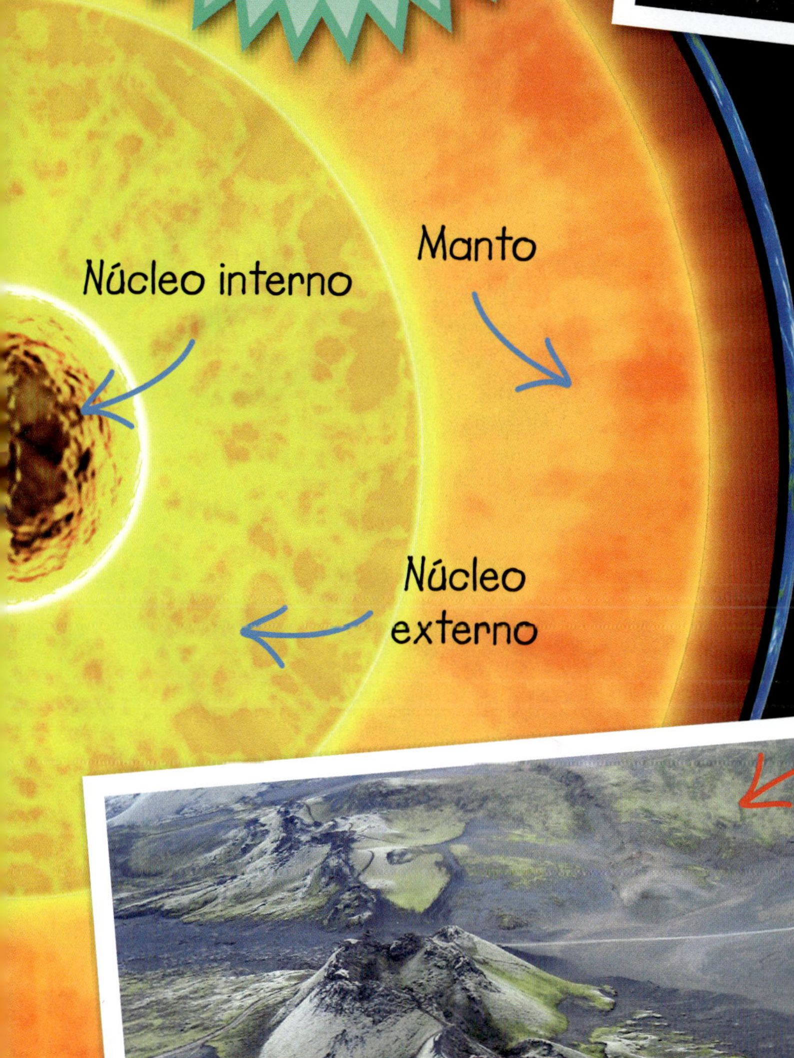

Por que não podemos viajar ao interior da Terra?

Porque o núcleo da Terra é incrivelmente quente e tão profundo que ninguém poderia chegar até lá. Às vezes, rochas líquidas ferventes irrompem na superfície da Terra. São os chamados vulcões em erupção.

Como o chão se move?

A crosta terrestre se divide em áreas imensas chamadas placas. Cada uma dessas placas se movimenta muito lentamente. O terremoto pode ocorrer quando as placas se afastam ou se chocam. O afastamento das placas geralmente resulta em fossas e o choque pode causar alteração de relevo (montanhas e vulcões).

O que é um fóssil?

Cientista escavando e estudando fósseis

O fóssil foi, um dia, um ser vivo que agora se transformou em pedra. Estudando os fósseis, os cientistas podem aprender mais sobre o passado e de que forma os animais, como os dinossauros, por exemplo, costumavam viver.

O trilobita era uma antiga criatura marinha

Como um fóssil se forma?

Um fóssil leva milhões de anos para se formar. Quando morre, um animal pode ficar enterrado na lama e na areia. As partes moles de seu corpo se decompõem, restando apenas ossos, dentes ou conchas. Lentamente eles se transformam em pedras e um fóssil se forma.

Explore

Procure pedras em um jardim. É possível que sejam tão antigas, que tenham sido pisadas por dinossauros.

1 O trilobita morre

2 O trilobita é coberto por lama

3 A lama se transforma em pedra

4 O fóssil é formado dentro da pedra

Casas-cavernas

Na Turquia, algumas pessoas vivem em cavernas rochosas. Essas imensas pedras em forma de cone permanecem fresquinhas quando faz muito calor.

Por que as pedras desmoronam?

Quando aquecidas pelo Sol, as pedras ficam um pouco maiores. Quando esfriam, elas encolhem e voltam ao seu tamanho normal. Se esse processo acontece com frequência, elas começam a desmoronar.

O que é um vulcão?

Vulcão é uma montanha que, às vezes, expele pelo topo uma rocha líquida muito quente! Lá no fundo do vulcão existe uma área chamada câmara de magma. Ela é cheia de rocha líquida. Se a pressão aumenta no interior da câmara, o vulcão pode explodir e a rocha líquida vai voar pelos ares.

Hora de desenhar!

Desenhe um vulcão em erupção. Lembre-se de pintar a lava de vermelho.

O que é uma cordilheira?

Cordilheira é o nome dado a um grupo de montanhas. As mais altas são os Alpes, na Europa; os Andes, na América do Sul; as Montanhas Rochosas, na América do Norte; e a maior de todas: os Himalaias, na Ásia.

Como são formadas as montanhas?

Uma das formas para as montanhas serem formadas é quando as placas da Terra colidem. A crosta na beirada das placas amassa e se dobra. Ao longo de milhões de anos, isso empurra as montanhas para cima. Os Himalaias, na Ásia, foram formados dessa maneira.

Camada sobre camada

O vulcão entra em erupção. Depois de um tempo, ele adormece e esfria. Mais para frente, pode entrar em erupção de novo, e mais uma vez ele esquenta e esfria. Ou seja, a cada nova erupção uma nova camada é adicionada ao solo, e isso é o que forma essa camada rochosa extra.

Por que existem terremotos?

Terremotos acontecem quando as placas na crosta terrestre se separam repentinamente ou se tocam! Eles têm início numa área muito profunda no subsolo, chamada de foco. A terra acima desse foco é sacudida violentamente. A pior parte do terremoto acontece acima do foco, numa área que tem o nome de epicentro.

Relembrando
Você lembra o que é que se quebra no nível 5 da Escala Richter?

O que é a Escala Richter?

A Escala Richter mede a força de um terremoto. Ela começa no nível 1 e vai até o nível 8. Quanto mais alto o número, mais poderoso e destrutivo é o terremoto.

Sentidos apurados

Algumas pessoas acreditam que os animais podem sentir quando um terremoto está para ocorrer!

As janelas se quebram no nível 5

Pontes e edifícios desabam no nível 7

Destruição generalizada no nível 8

Qual outro dano um terremoto pode provocar?

Um terremoto poderoso pode provocar incêndios. Em 1906, um imenso terremoto em São Francisco, nos Estados Unidos, desencadeou vários incêndios. Eles queimaram a maior parte da cidade e as pessoas que sobreviveram não tinham onde morar.

O que é uma geleira?

Geleiras são imensos rios de gelo encontrados nas proximidades do topo das montanhas. A neve cai sobre a montanha e fica acumulada formando gelo. É ele que forma a geleira, que lentamente se move montanha abaixo até derreter.

Flocos incríveis

Os flocos de neve são feitos de milhões de minúsculos cristais de gelo. Não existem dois flocos de neve iguais, porque os cristais de gelo produzem milhões de formas diferentes.

como podemos nos divertir no gelo?

De muitas formas! Uma delas é a patinação no gelo. Muitas pessoas deslizam no gelo usando patins, que são calçados especiais dotados de lâminas. Os praticantes de patinação artística são atletas experientes que competem para ganhar prêmios.

olho-vivo!
Se um dia você vir neve, coloque luvas e deixe os flocos caírem na sua mão. Será que você conseguirá ver os cristais?

o que é um *iceberg*?

Icebergs são grandes pedaços de gelo que se soltaram das geleiras e ficaram à deriva no mar. Só uma pequena parte do *iceberg* pode ser vista sobre a água. A parte principal do *iceberg* fica escondida embaixo d'água.

Para onde correm os rios?

Os rios correm para o mar ou para os lagos. Ao nascer, são pequenos cursos d'água em morros e montanhas. Esses riachos descem as montanhas e vão ficando maiores e mais largos. O lugar onde o rio encontra o mar, ou flui para um lago, é conhecido como foz.

Pesquisa
Procure descobrir o nome da mais alta cachoeira do mundo. Onde ela fica?

Cachoeira

Por que existem cachoeiras?

As cachoeiras se formam quando a água desgasta as pedras, criando um penhasco. A água, então, encontra um desnível e cai do alto numa espécie de piscina. As cachoeiras podem ter apenas alguns centímetros ou centenas de metros de altura!

Negócio arriscado

O salmão é um tipo de peixe. Todo ano, pescadores tentam pegá-lo enquanto ele nada de volta ao rio em que nasceu para procriar.

O que é um lago?

Lago é uma grande área cheia de água rodeada de terra. Alguns lagos são tão grandes que são chamados de mares interiores. A maior parte dos lagos é de água doce. O maior lago do mundo é o Mar Cáspio, na Ásia.

Como se formam as cavernas?

A chuva que cai sobre as pedras pode formar cavernas! A água das chuvas se mistura com um gás chamado dióxido de carbono. Isso forma um forte ácido que pode atacar as pedras, fazendo-as desaparecer. Nos subterrâneos, a água da chuva faz cavernas nas quais podemos encontrar riachos e lagos.

Como a lava forma cavernas?

Quando um vulcão entra em erupção e a lava desce pela montanha, uma caverna pode ser esculpida. Muito tempo depois da erupção, quando o vulcão já não está mais ativo, as pessoas podem andar por essa caverna de lava sem precisar se curvar.

Caverna de lava

Estalactites

Estalagmites

Superpontudas

As estalagmites crescem do chão da caverna. A água pingando se transforma em uma substância rochosa, que forma um pico.

O que é uma estalactite?

Espigões rochosos pendurados nos tetos das cavernas são chamados de estalactites. Quando escorre do teto da caverna, a água deixa pequenas quantidades de uma substância rochosa para trás. Muito lentamente, depois de um longo período de tempo, isso se transforma numa estalactite.

Importante!

As estalactites se mantêm bem presas. As estalagmites podem chegar ao teto!

De onde vem a chuva?

A chuva se forma a partir da evaporação das águas na superfície terrestre (isso também inclui os rios!). A água se move entre o mar, o ar e a terra num ciclo da água. Uma fina névoa de água sobe do mar e das plantas para o ar. Essa névoa fina forma nuvens. A água que cai das nuvens é a chuva.

Mau tempo

Todo dia há mais de 45 mil tempestades na Terra! As tempestades são mais comuns em locais tropicais, como a Indonésia.

Tornado

Como começa um tornado?

Tornados são os ventos mais rápidos da Terra. Eles se iniciam num terreno em que o ar quente sobe rapidamente, formando um funil giratório. O funil age como um aspirador de pó, destruindo prédios e levando carros e caminhões pelos ares.

Qual é a velocidade de um furacão?

Um furacão pode atingir velocidades de mais de 300 km/h! Entretanto, no centro do furacão, há uma parte chamada olho, que é totalmente imóvel.

Como o ser humano prejudica a Terra?

Muitas das coisas que as pessoas fazem podem causar danos à Terra. As fábricas lançam produtos químicos no ar e na água. Florestas são derrubadas, matando a vida selvagem que nelas vive, e a fumaça dos carros polui o ar. Os cientistas vêm tentando encontrar novas formas de proteger a Terra, antes que seja tarde demais.

Dica

Guarde todas as latinhas de refrigerante e garrafas vazias e leve-as a um centro de reciclagem.

Salve o planeta

Há muitas coisas que podemos fazer para proteger nosso planeta. Reciclar, coletar lixo, apagar as luzes e andar a pé são atitudes que podem fazer a diferença.

Como podemos proteger nosso planeta?

Grandes áreas de terra foram transformadas em parques nacionais, onde a vida selvagem é protegida. As pessoas podem ir até lá para aprender sobre as plantas e os animais.

Brincando em um parque

Aerogeradores

O que é energia renovável?

Queimar carvão e petróleo polui o ar. Com o tempo, esses combustíveis vão acabar. Os cientistas estão desenvolvendo formas para o uso de recursos energéticos, como o vento, que se reabastece naturalmente.

Teste

Você se lembra de tudo o que leu a respeito do Planeta Terra? Estas perguntas vão testar sua memória. Se ficar em dúvida, leia outra vez.

1. Por que a Lua parece irregular?
2. Por que temos dia e noite?
3. O que há no interior da Terra?
4. Como um fóssil se forma?
5. O que é uma cordilheira?
6. O que é a Escala Richter?
7. Como podemos nos divertir no gelo?
8. O que é um *iceberg*?
9. Por que existem cachoeiras?
10. Como se formam as cavernas?
11. O que é uma estalactite?
12. De onde vem a chuva?
13. Qual é a velocidade de um furacão?

Respostas

1. Porque há crateras em sua superfície.
2. Porque a Terra está sempre girando em torno de si mesma.
3. Várias camadas diferentes de pedra e metal.
4. Transformando em pedra as partes duras de um animal já morto ao longo de milhões de anos.
5. Um grupo de montanhas.
6. A escala que mede a força de um terremoto.
7. De muitas formas, a patinação no gelo é uma delas.
8. Um grande pedaço de gelo que se soltou das geleiras e ficou à deriva no mar.
9. Porque a água corre sobre os penhascos e cai numa espécie de piscina.
10. Depois que um vulcão entra em erupção e a lava desce pela montanha.
11. Um espigão rochoso pendurado nos tetos das cavernas.
12. Do oceano.
13. Um furacão pode atingir velocidades de mais de 300 km/h.

Glossário

Desmatamento

Derrubada de árvores e destruição de matas, que pode causar graves alterações no ecossistema.

Erupção

Emissão violenta de lavas, cinzas e fumaça pela cratera de um vulcão.

Magma

Líquido de altíssima temperatura encontrado em locais muito profundos abaixo da superfície da Terra, que às vezes é lançado para fora pelos vulcões.

Meteorito

Fragmento de um corpo celeste que atravessa a atmosfera e cai sobre a Terra.

Névoa

Vapor de água suspenso nas camadas da atmosfera, próximo à superfície, que pode prejudicar a visibilidade.

Orbitar

Girar em torno de um planeta ou outro corpo celeste.

Reciclagem

Reaproveitamento de algo para a elaboração de novos produtos (reciclagem de sucata e de lixo, por exemplo). Também pode ser o seu próprio reaproveitamento em boas condições (reciclagem de água poluída, por exemplo).

Índice

Créditos

Fotos: 12 Lowell Georgia/Getty Images; 13 (centro) Volodymyr Golnyk/Shutterstock.com; 13 (inferior à direita) airphoto.gr/Shutterstock.com; 15 Galyna Andrushko/Shutterstock.com; 17 (esquerda) Menna, (centro) Joseph Sohm, (direita) yankane/Shutterstock.com; 18 Shutterstock.com; 19 Sergey Nivens/Shutterstock.com; 20 Vadim Petrokov/Shutterstock.com; 21 zschnepf/Shutterstock.com; 23 (direita), Filip Fuxa (esquerda), Douglas Knight/Shutterstock.com; 25 Minerva Studio/Shutterstock.com; 26 Fedorov Oleksiy/Shutterstock.com. Todas as outras fotografias pertencem a digitalSTOCK, digitalvision, Image State, John Foxx, PhotoAlto, PhotoDisc, PhotoEssentials, PhotoPro, Stockbyte.

Os editores agradecem pelo fornecimento das fotografias a todos os parceiros. Todos os esforços possíveis foram feitos para identificar os autores das fotos e pedimos desculpas por qualquer erro ou omissão.

Infográficos: Stephan Davis, Jennifer Barker, Thom Allaway
Desenhos realistas: Miles Kelly Artwork Bank